Beauty and the Beast

미녀와 야수

미녀와 야수

First edition: July 2009

TEL (02)2000-0515 | FAX (02)2271-0172

ISBN 978-89-17-23752-8

YBM Reading Library 는 ...

쉬운 영어로 문학 작품을 즐기면서 영어 실력을 크게 향상시킬 수 있도록 개발된 독해력 완성 프로젝트입니다. 전 세계 어린이와 청소년들에게 재미와 감동을 주는 세계의 명작을 이제 영어로 읽으세요. 원작에 보다 가까이 다가가는 재미와 명작의 깊이를 느낄 수 있을 거예요.

350 단어에서 1800 단어까지 6단계로 나누어져 있어 초·중·고 어느 수준에서나 자신이 좋아하는 스토리를 골라 읽을 수 있고, 눈에 쉽게 들어오는 기본 문장을 바탕으로 활용도가 높고 세련된 영어 표현을 구사하기 때문에 쉽게 읽으면서 영어의 맛을 느낄 수 있습니다. 상세한 해설과 흥미로운 학습 정보, 퀴즈 등이 곳곳에 숨어 있어 학습 효과를 더욱 높일 수 있습니다.

이야기의 분위기를 멋지게 재현해 주는 삽화를 보면서 재미있는 이야기를 읽고, 전문 성우들의 박진감 있는 연기로 스토리를 반복해서 듣다 보면 리스닝 실력까지 크게 향상됩니다.

세계의 명작을 읽는 재미와 영어 실력 완성의 기쁨을 마음껏 맛보고 싶다면, YBM Reading Library와 함께 지금 출발하세요!

YBM Reading Library

책을 읽기 전에 가볍게 워밍업을 한 다음, 재미있게 스토리를 읽고, 다 읽고 난 후 주요
구문과 리스닝까지 꼭꼭 다지는 3단계 리딩 전략! YBM Reading Library, 이렇게 활용
하세요.

Before the Story

Words in the Story
스토리에 들어가기 전,
주요 단어를 맛보며 이야기의
분위기를 느껴 보세요~

There was another surprise for Beauty.
On her bedroom door she saw a sign that read,
"BEAUTY'S ROOM."
She opened the door and went inside.
"Is this the same room I left this morning?"
she said.
"Everything is so different!"
Her room was full of fine furniture and
beautiful things.
There was a comfortable bed in the middle of
the room. [1]
It was covered in rich satin and lace.
Her curtains were made from soft and green silk. [2]
And thick carpets warmed her feet.
"The Beast left this book for me!" she said happily.
"And now he gave me this magnificent room!

☐ surprise 놀람, 뜻밖의 일   ☐ lace 레이스
☐ bedroom 침실   ☐ curtain 커튼
☐ sign 표지, 간판   ☐ soft 부드러운, 연한
☐ comfortable 편안한, 안락한   ☐ warm 따뜻하게 하다, 데우다
☐ be covered in …로 덮이다   (warm-warmed-warmed)
☐ rich 풍성한   ☐ fierce 사나운, 무서운
☐ satin 새틴, 공단

50 · Beauty and the Beast

In the Story

★ 스토리
재미있는 스토리를 읽어요. 잘 모른다고
멈추지 마세요. 한 페이지, 또는 한 chapter를
끝까지 읽으면서 흐름을 파악하세요.

★★ 단어 및 구문 설명
어려운 단어나 문장을 마주쳤을 때,
그 뜻이 알고 싶다면 여기를 보세요.
나중에 꼭 외우는 것은 기본이죠.

★★★ 돌발 퀴즈
스토리를 잘 파악하고
있는지 궁금하면 돌발 퀴즈로
잠깐 확인해 보세요.

Then Beauty woke up.
Her dream was clear in her mind.
"The Prince said I can make him happy,"
said Beauty.
"How can I escape from this ugly Beast?
I promised I would not leave him.
But I am so lonely here."

1 save A from B A를 B에서 구하다
Only you can save me from my misery.
오직 당신만이 나를 불행에서 구할 수 있소.

2 in one's mind ~의 마음속에
Her dream was clear in her mind.
그녀의 꿈이 마음속에 생생하였다(분명히 남아 있었다.)

Mini-Lesson★☆

make + 목적어(A) + 동사원형(B) : A가 B하게 만들다
'A가 B하게 만들다' 라는 목적어의 동작 표현을 나타내고 싶을때는 「make + 목적어 + 동사원형」을 사용한다.
· I will make your wishes come true. 내가 너의 소원들이 이루어지게 해줄게.
· My mom made me clean my room. 엄마는 내가 내 방을 청소하게 하셨다.

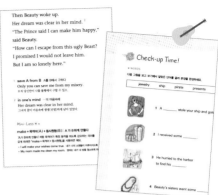

Check-up Time!

● 어휘어휘

다음 그림을 보고 보기에서 알맞은 단어를 골라 문장을 완성하세요.

jewelry   ship   pirate   presents

1 A _____ stole your ship and gold.

2 I received some _____

3 He hurried to the harbor to find his _____

4 Beauty's sisters want some _____

Mini-Lesson
너무나 중요해서 그냥 지나칠 수 없는
알짜 구문은 별도로 깊이 있게 배워요.

Check-up Time!
한 chapter를 다 읽은 후 어휘, 구문,
summary까지 확실하게 다져요.

Focus on Background
작품 뒤에 숨겨져 있는 흥미로운 이야기를
읽으세요. 상식까지 풍부해집니다.

The Beast is kind and gentle. Maybe he is not really fierce!"

★ ★ ★ ? 뷰티의 방에 없는 물건은 무엇일까요?
　　　　a. 편안한 침대
　　　　b. 실크 커튼
　　　　c. 튼튼한 책상 보기예

1 in the middle of ~의 가운데에
There was a comfortable bed in the middle of the room.
방 가운데에 편안한 침대가 있었다.

2 be made from ~로 만들어지다
Her curtains were made from soft and green silk.
그녀의 커튼은 부드러운 녹색 실크로 만들어졌다.

Chapter 3 • 51

After the Story

Reading X-File 이야기 속에 등장했던
주요 구문을 재미있는 설명과 함께 다시 한번~

Listening X-File 영어 발음과 리스닝 실력을 함께
다져 주는 중요한 발음법칙을 살펴봐요.

MP3 Files
www.ybmbooksam.com에서 다운로드 하세요!

YBM Reading Library

이제 아름다운 이야기가 시작됩니다

Beauty and the Beast

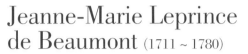

Jeanne-Marie Leprince de Beaumont (1711 ~ 1780)

잔느-마리 르프랭스 드 보몽 부인은 …

프랑스 북부 루앙(Rouen)에서 태어났다. 결혼 후 영국 런던으로 건너가 가정교사로 일하면서 런던의 한 신문에 전설, 역사, 지리 등을 바탕으로 한 어린이용 글을 쓰는 것으로 창작 활동을 시작하였다.

이후 그녀는 교훈적인 내용을 담은 첫 작품집 〈진실의 승리(The Triumph of Truth, 1748)〉를 출판하고 학교 교과서와 여러 잡지를 출간하였으며, 여기에 어린이를 위한 교육용 이야기를 실었다. 1756년 〈어린이들을 위한 잡지(Le Magasin des enfants)〉에 실린 동화 〈미녀와 야수〉가 폭발적인 인기를 끌게 되면서 그녀는 작가로서의 명성뿐 아니라 부까지 얻게 되었다. 1762년에 프랑스로 돌아간 그녀는 프랑스 최초의 어린이 잡지를 출간하였으며, 생을 마감할 때까지 동화뿐 아니라 도덕, 문학, 신학 등에 관한 많은 작품을 집필하였다.

평생 어린이를 위해 자유롭고 환상적인 느낌의 이야기를 선보였던 보몽 부인은 프랑스 아동 문학의 어머니로 불리고 있다.

Beauty and the Beast
미녀와 야수는 …

마법에 걸려 야수가 된 왕자와 아름답고 착한 뷰티의 사랑 이야기이다.
평화롭고 행복하게 살던 뷰티의 가족은 풍랑으로 인해 집안의 모든 배가 침몰하여 전 재산을 잃게 된다. 얼마 후 뷰티의 아버지는 한 척의 배가 풍랑을 이겨내고 돌아오고 있다는 소식을 듣고 항구로 달려가나, 그마저도 해적에게 약탈당했다는 것을 알게 된다. 낙담하며 집으로 돌아오던 뷰티의 아버지는 야수의 성에서 장미를 꺾다가 그의 노여움을 사, 뷰티를 그의 성으로 데려 가게 된다. 야수의 성에서 살게 된 뷰티는 처음에는 그의 흉측한 모습에 놀라지만, 야수의 친절하고 따뜻한 모습을 알게 되면서 그를 사랑하게 되고, 결국 그녀의 진실한 사랑으로 야수는 마법에서 벗어나 왕자의 모습을 되찾게 된다.

진실한 아름다움은 마음속에 있다는 교훈을 담고 있는 〈미녀와 야수〉는 영화, 뮤지컬, 애니메이션 등으로도 만들어져 오늘날까지 많은 사람들에게 진한 감동을 선사하고 있다.

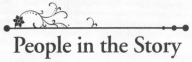

People in the Story

미녀와 야수에 등장하는 인물들을 함께 살펴볼까요?

Beauty's father 뷰티의 아버지
부유한 상인이었지만, 배가 침몰하면서
전 재산을 잃는다. 야수의 정원에서 장미
를 꺾다가 그의 노여움을 사 뷰티를 야수
에게 보내게 된다.

Beauty's sisters 뷰티의 두 언니들
어려워진 집안 형편에도 부자 남자를 만나 결혼할
생각만 한다.

Beast 야수
마녀의 마법으로 외모가 흉하게
변했으나 뷰티의 진실한 사랑으로
원래 왕자의 모습으로
돌아온다.

Beauty 상인의 막내딸
얼굴은 물론 마음씨도 아름답다.
아버지를 대신해 야수의 성으로
갔다가 야수의 진실한 마음에
감동받아 사랑에 빠진다.

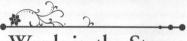

Words in the Story

미녀와 야수에 나오는 단어들을 뷰티네 집과 야수의 성에서 살펴볼까요?

Beauty's House
뷰티네 집

a small country house
작은 시골집

shoes
구두

dress
드레스

hat
모자

jewerly
보석

father
아버지

Beauty's sister
뷰티의 언니

do housework
집안일을 하다

daughter
딸

The Beast's palace
야수의 성

curtain 커텐

window 창문

mirror 거울

bookshelf 책장

diary 다이어리

table 탁자

bed 침대

carpet 카페트

rose 장미

bread 빵

cake 케이크

roast chicken 구운 통닭

apple 사과

orange 오렌지

staircase 계단

floor 바닥

a Beautiful Invitation
– YBM Reading Library

Beauty and the Beast

Jeanne-Marie Leprince de Beaumont

Her Name Was Beauty

그녀의 이름은 뷰티

Once there was a rich merchant.

He had many ships.

The ships brought a lot of gold from around the

world. He also had three daughters.

They lived together in a big house in town.

The two elder sisters thought they were the most

beautiful women. ☀

They only wore expensive clothes.

They always thought about marrying rich men.

□ rich 부유한, 부자의
□ merchant 상인, 무역 상인
□ bring 가져오다
□ from around the world
  전세계로부터
□ daughter 딸

□ elder 나이가 많은
□ expensive 비싼, 고가의
□ clothes 옷, 의복
□ marry …와 결혼하다
□ youngest 가장 어린 (young의 최상급)

But the youngest daughter was the most beautiful.

Everyone called her "Beauty."

Beauty's sisters were jealous of her. [1]

1 **be jealous of** …을 부러워하다, 질투하다
Beauty's sisters were jealous of her.
뷰티의 언니들은 그녀를 부러워했다.

Mini-Lesson See p.86

the most beautiful : 가장 아름다운
형용사 beautiful은 '아름다운'이라는 뜻이예요.. 셋 이상을 비교하여 '가장 아름다운'을
표현하고 싶다면 beautiful 앞에 the most를 쓰면 돼요.

• The two elder sisters thought they were the most beautiful women.
  두 언니들은 자신들이 가장 아름다운 여자들이라고 생각했다.
• Beauty was the most beautiful. 뷰티가 가장 아름다웠다.

One day, the merchant received some terrible news.

A storm had sunk all of his ships. ☀

He had to sell their big house.

He took his family to live in a small house in the
countryside. [1]

He could not buy his daughters beautiful things.

He could not pay for servants.

His three daughters had to do all the housework. [2]

The two oldest daughters were unhappy.

They complained all the time.

They were selfish and never did any work.

But Beauty worked hard every day.

"Oh, Father," said her sister.

"We will never find rich husbands because we are poor!"

"Don't worry," said her father.

"We won't be poor forever. We will be rich again."

---

1 **take + 목적어(A) + to + 동사원형(B)** A를 데려가서 B를 하다
He took his family to live in a small house in the countryside.
그는 그의 가족들을 시골의 작은 집으로 데려가서 살았다.

2 **have to + 동사원형** 반드시 …해야 하다
His three daughters had to do all the housework.
그의 세 딸들이 모든 집안일을 해야만 했다.

Mini-Less🌞n

과거완료형 문장: had + 과거분사형 동사
'…했었다' 라는 과거의 어느 때에 있었거나 이미 행해졌던 동작을 설명하고 싶을 때에는
「had + 과거분사형 동사」를 쓰면 돼요.

• One day, the merchant received some terrible news. A storm had sunk all of his ships. 어느 날, 상인에게 끔찍한 소식이 날아 들었다. 태풍으로 그의 모든 배가 가라앉았다.

Some weeks later, their father came home
with good news.

"I have just received a message," he said. ☀

"One of my ships did not sink.

It reached the harbor and brought back lots
of gold."

The family was very happy to hear the news. [1]

"Hurray, we are rich again!" said the eldest
daughter.

"A rich man will want to marry me now!

I will go to town tomorrow.

I need some beautiful, new dresses and new shoes."

"I need new boots," said the second daughter.

"And some new hats and jewelry.

I'll find a rich husband now!"

□ later 나중에
□ receive 받다
□ message 메시지
□ reach …에 도착하다
□ harbor 항구
□ bring back 가져오다

□ hurray 만세!
□ boots 부츠
□ second 둘째의, 두 번째의
□ hat 모자
□ jewelry 보석, 장신구

1 **be happy to + 동사원형** …해서 기쁘다
   The family was very happy to hear the news.
   가족들은 그 소식을 듣고 매우 기뻐했다.

(?) 뷰티의 두 언니가 원하는 선물이 아닌 것은 무엇일까요?

 a. dresses
 b. shoes
 c. bags 정답 c

Mini-Less✷n

See p.87

현재완료형 문장: have [has] + 과거분사형 동사

'막 …했다' 라는 뜻으로 과거에 시작된 동작이 이제 막 끝났음을 나타낼 때에는
「have [has] + 과거분사형 동사」를 쓰면 돼요.

 I have just received a message. 나는 방금 전갈을 받았단다.
 I have just sent a letter to my friend. 나는 방금 친구에게 편지를 보냈다.

□ ribbon 리본
□ wait 기다리다
□ return 돌아오다
□ present 선물
□ pearl 진주
□ necklace 목걸이
□ fine 좋은, 우수한

□ silk 실크
□ middle 가운데의
□ glad 기쁜, 즐거운
□ choose 고르다, 선택하다
  (choose-chose-chosen)
□ red 빨간색의, 붉은색의

1 **until + 주어 + 동사** …가 ~할 때까지
  But I can wait until you return.
  하지만 저는 아버지가 돌아오실 때까지 기다릴 수 있어요.

"I need some new ribbons, Father," said Beauty.

"But I can wait until you return." [1]

"Yes," said their father, "wait until I return.

I promise to bring you all back a small present." [2]

"I want a pearl necklace!" said his eldest daughter.

"I want fine silk!" said the middle daughter.

Beauty did not say anything.

"And what about you, Beauty?" asked her father. [3]

"I don't need a present, Father," she said.

"I'm just glad you are happy again."

"Choose something," he said.

"A rose, Father," she said. "A pretty, red rose."

 뷰티가 아버지에게 원하는 선물은 무엇일까요?

a. a red rose
b. a pearl necklace
c. fine silk

---

2 **promise to + 동사원형** …하기로 약속하다
I promise to bring you all back a small present.
내가 너희들에게 작은 선물을 가져다 줄 것을 약속하마.

3 **What about you?** 너는 어떠니?
And what about you, Beauty?
그러면 너는 어떠니, 뷰티?

The merchant said goodbye to his daughters. [1]

He hurried to the harbor. 신이 늘 당신과 함께 하기를 뜻하는
God be with you!의 약어랍니다.

But he couldn't find his ship.

So he went to see the Harbor Master.

"I have come to find my ship," he said.

"But I can't see it anywhere in the harbor."

"I'm sorry, but pirates stole your ship and gold!"

said the Harbor Master.

□ hurry to ···로 서둘러 가다
□ harbor master 항만장
□ find 찾다, 발견하다
□ pirate 해적

□ steal 훔치다 (steal-stole-stolen)
□ cry 외치다, 울다
□ without ···이 없이

"Oh no!" cried the merchant.

"I promised my daughters presents.

Now I have no money to buy them! [2]

How can I return home without

them?"

---

[1] **say goodbye to** ···에게 작별인사를 하다

The merchant said goodbye to his daughters.

상인은 그의 딸들에게 작별인사를 했다.

[2] **have no money to + 동사원형** ···할 돈이 없다

Now I have no money to buy them!

이제 나는 그것들을 살 돈이 없소!

Mini-Less：☼：n

4형식 문장

「주어＋동사＋간접 목적어＋직접 목적어」로 이루어진 문장을 4형식 문장이라고 해요.
I promised my daughters presents.에서 my daughters는 '···에게'를
나타내는 간접 목적어이고 presents는 '···을'을 나타내는 직접 목적어예요.

- I promised my daughters presents. 나는 딸들에게 선물을 주기로 약속했다.
- I gave her my favorite pencil. 나는 그녀에게 내가 가장 좋아하는 연필을 주었다.

Check-up Time!

다음 그림을 보고 보기에서 알맞은 단어를 골라 문장을 완성하세요.

jewelry	ship	pirate	presents

1 A _____ stole your ship and gold!

2 I received some _____.

3 He hurried to the harbor
to find his _____.

4 Beauty's sisters want some _____.

괄호 안의 두 단어 중 맞는 것에 동그라미 하세요.

1 But I can (wait / waited) until you return.

2 He had to (sell / sold) their big house.

3 The father has (received / receives) a terrible news.

● COMPREHENSION

본문의 내용과 일치하면 T, 일치하지 않으면 F에 표시하세요.

1 Beauty is the eldest daughter in her family.　T　F

2 The merchant left home to bring back gold.　T　F

3 Beauty's family moved to the town.　T　F

● SUMMARY

빈 칸에 맞는 말을 보기에서 골라 넣어 이야기를 완성하세요.

Once the merchant had many ships. A storm had (　　) all of his ships. But one day, he heard one of his ships did not sink. The (　　) left for the harbor to (　　) his ship. But pirates stole his ship and (　　).

a. merchant　　b. sunk　　c. gold　　d. bring back

ANSWERS

Summary | b, a, d, c

Structure | 1. wait　2. sell　3. received　Comprehension | 1. F　2. T　3. F

A Rose for Beauty

뷰티에게 줄 장미

When he left the harbor, it began to snow heavily. [1]
After he traveled for many hours, he was very cold
and tired. He needed somewhere to rest. [2]

☐ **heavily** 심하게
☐ **travel** 여행을 하다
☐ **rest** 쉬다 (rest-rested-rested)
☐ **track** 흔적, 자국
☐ **in the snow** 눈 속에서
☐ **follow** 따라가다
☐ **arrive at** …에 도착하다

☐ **magnificent** 멋진, 훌륭한
☐ **palace** 궁전
☐ **marble** 대리석의
☐ **staircase** 계단
☐ **enter** …에 들어가다, 입장하다
☐ **inside** 안쪽, 내부
☐ **for a while** 잠시 동안

Then he saw a track in the snow.

He followed it and arrived at a magnificent palace.

"Maybe a kind prince lives here," he said.

He walked up the marble staircase and entered
the palace.

"It's so nice to be inside. I'll rest here for a while."

He sat down and fell asleep.

1 **begin to + 동사원형** …하기 시작하다
When he left the harbor, it began to snow heavily.
그가 항구를 떠날 때, 눈이 많이 오기 시작했다.

2 **somewhere to rest** 쉴 곳
He needed somewhere to rest.
그는 쉴 곳이 필요했다.

When he awoke, he saw food on the table
next to him. [1]

It all looked very delicious.

There was a whole roast chicken and some tasty
looking sausages.

There were freshly baked cakes and bread.

There was a large bowl of oranges and apples
and a glass of wine, too.

"Where did that food come from?" he thought. [2]

"I am very hungry. After I finish dinner,
I'll find the owner of the palace.

I must thank him before I leave."

After he finished his meal,
the palace was still very quiet.

He searched for the owner, but he found no one.

- □ awake (잠에서) 깨다, 깨어나다
  (awake-awoke-awaken)
- □ delicious 맛있는
- □ whole 전체의, 완전한
- □ roast chicken (오븐에) 구운 통닭
- □ tasty looking 맛있어 보이는
- □ sausage 소시지
- □ freshly 신선하게, 갓

- □ bowl 사발, 공기
- □ finish 마치다, 끝내다
- □ owner 주인, 소유자
- □ thank …에게 감사하다
- □ meal 식사, 끼니
- □ still 여전히
- □ search for …을 찾다

❓ 뷰티의 아버지가 먹은 음식이 아닌 것은 무엇일까요?

┌ a. chicken sandwich
│ b. cake
└ c. wine   정답 a

1 **next to** ···의 옆에
When he awoke, he saw food on the table next to him.
그가 잠에서 깼을때, 옆에 놓인 탁자에 음식이 차려져 있었다.

2 **come from** ···에서 오다
Where did that food come from?
저 음식은 어디에서 왔을까?

The merchant went into the palace garden.
He was surprised. 상인을 뜻하는 merchant는 물건을
사고 파는 market에서 나온 단어예요.

Outside the palace walls, snow
had fallen.

But in the garden the sun
shone brightly.

The air smelled fresh
and clear.

□ outside …의 밖에
□ wall 벽
□ shine 비추다, 빛나다
　(shine-shone-shone)
□ brightly 밝게
□ smell 냄새가 나다
□ brightly colored 밝은 색의
□ rosebush 장미 덤불
□ pick 꺾다, 따다

□ suddenly 갑자기, 갑작스럽게
□ loud (목)소리가 큰
□ noise 소리, 소란, 소음
□ behind …의 뒤에서
□ huge 거대한, 아주 큰
□ fierce 사나운, 흉포한
□ beast 야수, 짐승
□ golden 금색의, 황금빛의
□ lion 사자

There were lots of orange and apple trees. [1]

And brightly colored flowers were growing
everywhere.

Then he saw a lovely rosebush.

He remembered his promise to Beauty.

He stopped and picked a beautiful, red rose.

Suddenly he heard a loud noise behind him.

He turned around and saw a huge, fierce beast. [2]

It was covered in golden hair and looked like
a large lion. [3]

But it wore beautiful and expensive clothes.

 야수의 정원에 없는 것은?
  a. apple tree
  b. orange tree
  c. grapes   정답은 c

---

[1] **lots of** 많은
There were lots of orange and apple trees.
많은 오렌지나무와 사과나무가 있었다.

[2] **turn around** 돌아서다, 돌아보다
He turned around and saw a huge, fierce beast.
그가 돌아서자 크고 무서운 야수가 보였다.

[3] **be covered in** …로 덮여 있다
It was covered in golden hair and looked like a large lion.
그것은 금색털로 덮여 있었고 거대한 사자처럼 보였다.

"I gave you food and shelter!" cried the Beast.

"How dare you steal my rose! [1]

You should be punished!"

The merchant fell to his knees.

"Pardon me, sir," he cried.

"I thank you for the food and shelter. [2]

But I couldn't find you!"

Then he told the Beast about his bad luck.

"I cannot buy presents for my daughters

because I have lost everything," he said.

"But I wanted to take a rose for my youngest

daughter, Beauty. Please forgive me.

I didn't mean to upset you."

The Beast was quiet for a moment.

Then he said, "If you bring me one of your

daughters, I will forgive you!" ☀

- □ give 주다 (give-gave-given)
- □ shelter 쉴 곳, 피난처, 은신처
- □ steal 훔치다
- □ be punished 벌을 받다
- □ fall to one's knees 무릎을 꿇다
- □ pardon me 죄송합니다
- □ bad luck 불운
- □ present 선물
- □ lose 잃다 (lose-lost-lost)
- □ forgive 용서하다
- □ upset 화나게 하다, 속상하게 하다
- □ for a moment 잠시 동안

---

[1] **how dare + 주어 + 동사** 감히 …가 ~하다니
How dare you steal my rose! 감히 내 장미를 훔치다니!

2 **thank you for** …에 대해 감사하다

I thank you for the food and shelter. 음식과 쉴 곳을 주셔서 감사합니다.

See p.38

Mini-Less☀n

조건문: if + 주어 + 현재형 동사, 주어 + will/may/can + 동사원형

'만약 …한다면 ∼할 것이다'는, 「if + 주어 + 현재형 동사, 주어 + will/may/can + 동사원형」을 사용하면 된답니다. 이를 조건문이라고 해요.

• If you bring me one of your daughters, I will forgive you.
  만약 당신이 딸을 데려 온다면, 나는 당신을 용서할 거요.

• If I don't go, the Beast will kill you. 제가 가지 않으면, 야수가 당신을 죽일 거예요.

"I stole the rose from you!" cried the merchant.

"You should punish me, not my daughter!"

"You must send your daughter!" said the Beast.

"Now go home and bring her back within a week.

If you don't, I will come and take her! [1]

Then I will kill you!"

The merchant promised to return in a week.

He hurried home.

His daughters were excited and ran to meet him.

But when they looked at his sad and tired face,

they knew something was wrong.

"What's wrong, Father?" asked Beauty.

"You look so unhappy."

□ send 보내다, 가게 하다
□ bring ... back …을 데리고 오다
□ within …의 안에, … 이내에
□ know 알다, 이해하다 (know-knew-known)

□ wrong 잘못된, 틀린
□ unhappy 슬픈, 불행한
□ sadly 슬프게
□ rob 훔치다, 털다

---

1 if + 주어 + 현재형 동사, 주어 + will / may / can + 동사원형
   만약 …한다면, ~할 것이다
   If you don't, I will come and take her!
   만약 그렇게 하지 않으면, 내가 가서 그녀를 데려갈 것이다!

"The message was wrong," he said sadly.

"Pirates robbed my ship and stole my gold.

I have no money. I couldn't buy any presents."

뷰티의 아버지는 야수에게 얼마 후에 돌아온다고 했나요?
a. 일주일 후
b. 이주일 후
c. 한 달 후

"It's not fair!" cried his eldest daughter.

She stamped her foot.

"No man will look at us in these old clothes!"

screamed his middle daughter.

"You look tired, Father," said Beauty.

"Come and sit down. Tell us what happened." [1]

He gave his youngest daughter her rose.

Then he told them of the Beast's demands.

Beauty was silent.

But her sisters cried and refused to go. [2]

"I'm not going to live with a beast,"

said her eldest sister.

□ fair 공정한, 공평한
□ stamp (발을) 구르다
□ scream 소리를 지르다
□ sit down 앉다
□ demand 요구, 요청

□ silent 조용한, 소리 없는
□ either (부정문에서) …도 아니다
□ have no choice 선택의 여지가 없다, 다른 방법이 없다

"No, I will never go either," cried her second sister.

"I want a handsome and rich husband!"

"I will go, Father." said Beauty,

"If I don't go, the Beast will kill you.

We have no choice."

Beauty's father did
not want to send
her to the Beast.
But she was
determined
to go. ³

1 **what happened** 무슨일이 일어났는지
   Tell us what happened. 저희에게 무슨 일이 있어났는지 말씀해 주세요.

2 **refuse to + 동사원형** …하는 것을 거부하다, 거절하다
   But her sisters cried and refused to go.
   하지만 그녀의 언니들은 울면서 가기를 거부했다.

3 **be determined to + 동사원형** …하기로 결심하다
   But she was determined to go. 하지만 그녀는 가기로 결심했다.

Chapter 2 • 39

 Check-up Time!

● **WORDS**

다음 그림을 보고 보기에서 알맞은 단어를 골라 문장을 완성하세요.

staircase	roses	snow	gold

1 Beauty's father walked up the marble  _____ .

2 It began to _____ heavily.

3 Beauty's father saw lovely _____ .

4 Pirates stole my ship and _____ .

● **STRUCTURE**

주어진 동사를 과거형으로 고쳐 쓰세요.

1 I _____ in the palace for a while. (rest)

2 I _____ you food and shelter. (give)

3 They _____ something was wrong. (know)

본문의 내용과 일치하면 T, 일치하지 않으면 F에 표시하세요.

1 The merchant picked a red rose
   in the Beast's garden.   ☐T ☐F

2 Beauty's father followed the track
   in the snow.   ☐T ☐F

3 The merchant promised the Beast to return
   in a month.   ☐T ☐F

● SUMMARY

빈 칸에 맞는 말을 보기에서 골라 넣어 이야기를 완성하세요.

> Beauty's father (   ) the Beast's palace. He went to the
> palace (   ) and picked a rose for Beauty. But the Beast
> was very (   ). The father had to bring one of his
> daughters. He (   ) home and Beauty decided to go to
> the Beast.

a. garden   b. arrived at

c. came back   d. angry

Beauty Meets the Beast

뷰티, 야수를 만나다

At last the day came when she had to leave.

Beauty went with her father to the Beast's palace.

When the Beast appeared, Beauty was scared.

"Are you the merchant's daughter?" asked the Beast.

"Yes, my name is Beauty," she answered fearfully.

The Beast turned to her father and said,

"You should leave tomorrow at dawn.

Don't come back again."

"I cannot leave you here, Beauty,"

said her father the next morning.

"Go home and take care of your sisters. [1]

I will stay here."

"No, Father," said Beauty,

"we promised the Beast that I would stay.

□ **at last** 마침내
□ **appear** 나타나다, 등장하다
　(appear-appeared-appeared)
□ **merchant** 상인
□ **fearfully** 무서워하며, 걱정스럽게

□ **turn to** …쪽으로 몸을 돌리다
□ **at dawn** 새벽녘에, 동 틀 무렵에
□ **stay** …에 머무르다, …에 묵다
□ **kiss ... goodbye** …에게 키스로
　작별 인사를 하다

We should keep that promise. [2]

Please go home, but don't forget me."

"I will never forget you, Beauty," he said.

Then he kissed her goodbye and left.

서양에서는 키스가 매우 일반적인 애정의 표현이에요.
꼭 사랑하는 남녀가 아니어도 친한 사이에서 환영 또는
작별 인사의 의미를 가져요.

? 뷰티의 아버지는 야수의 성을 언제 떠났나요?

a. 도착한 날 밤
b. 다음날 동틀 무렵
c. 일주일 후

---

1 **take care of** …을 돌보다, 보살피다
   Go home and take care of your sisters.
   집에 가서 언니들을 보살펴거라.

2 **keep the promise** 약속을 지키다
   We should keep that promise.
   우리는 그 약속을 지켜야만 해요.

After her father left, Beauty felt tired and went
to her room to rest. Soon she was fast asleep.
She dreamed of a handsome Prince.
He was standing in a beautiful garden.
"Beauty," said the Prince, "please trust me!
I will make your wishes come true. ☀
I love you dearly. Only you can make me happy!"

□ fast asleep 곤히[깊이] 잠든
□ dream of …의 꿈을 꾸다
□ stand 서있다
□ trust 믿다, 신뢰하다
□ wish 소원, 바램
□ come true 현실이 되다, 이루어지다

□ dearly 진심으로, 정말로
□ misery 불행
□ clear 명확한, 선명한
□ escape from …에서 벗어나다
□ ugly 못생긴, 흉한
□ lonely 외로운

"How can I make you happy?" asked Beauty.

"Dearest Beauty," he said,

"promise you will never leave me.

Only you can save me from my misery. [1]

But remember, do not believe everything you see!"

Then Beauty woke up.

Her dream was clear in her mind. [2]

"The Prince said I can make him happy,"

said Beauty.

"How can I escape from this ugly Beast?

I promised I would not leave him.

But I am so lonely here."

---

1 **save A from B** A를 B에서 구하다
   Only you can save me from my misery.
   오직 당신만이 나를 불행에서 구할 수 있소.

2 **in one's mind** …의 마음속에
   Her dream was clear in her mind.
   그녀의 꿈이 마음속에 생생〔선명〕하게 남아 있었다.

Mini-Less⋅ⁱⁿ

make + 목적어(A) + 동사원형(B): A가 B하게 만들다
'A가 B하게 만들다' 처럼 목적어가 특정 동작을 하도록 강요하는 의미를
갖게 하려면 「make + 목적어 + 동사원형」을 사용하면 돼요.
• I will make your wishes come true. 내가 너의 소원들이 이루어지도록 해줄게.
• My mom made me clean my room. 엄마는 내가 내 방을 청소하게 하셨다.

Beauty was bored.

So she went to look around the palace. [1]

All the rooms were with fine furniture
and expensive carpets.

She came to a room and it was full of mirrors. [2]

There were large gold mirrors and small silver
mirrors.

Her reflection changed when she walked around
the room!

In some mirrors she looked small like a fairy.

In other mirrors she looked very tall like a giraffe.

Some made her look plump and others very thin.

She laughed at what she saw.

But she was still alone!

□ bored 지루한, 따분한
□ fine 좋은, 훌륭한
□ furniture 가구
□ expensive 값비싼
□ carpet 카펫, 양탄자
□ mirror 거울
□ silver 은의, 은색의

□ reflection 반사, (거울 등의) 영상
□ walk around 걸어 다니다
□ fairy 요정
□ giraffe 기린
□ plump 포동포동한, 토실토실한
□ thin 날씬한, 마른
□ laugh at …을 보고 웃다

1 **look around** (주위를) 둘러보다, 살펴보다
So she went to look around the palace.
그래서 그녀는 궁전을 둘러보러 갔다.

2 **be full of** …로 가득 차다, 채워지다
She came to a room and it was full of mirrors.
그녀는 방으로 갔고, 그 방은 거울로 가득 차 있었다.

She came to the next room.
She found a library with
thousands of books. [1]
Its shelves were full of books of
all sizes, shapes and colors.
On a table she saw a golden
book.
She picked it up. [2]
The title was "BEAUTY'S
DIARY."
She opened it and read the
message inside.

□ library 서재, 도서관
□ shelves 선반들 (shelf의 복수형)
□ size 크기, 치수
□ shape 모양, 형태
□ color 색, 색상
□ title 제목, 책이름

□ inside 안의, 내부의
□ safe 안전한
□ hurt 다치게 하다, 고통을 주다
□ invisible 보이지 않는
□ servant 하인, 종
□ excited 신난, 흥분된

1 **thousands of** 수천 개의, 수많은
She found a library with thousands of books.
그녀는 수천 권의 책이 있는 서재를 발견했다.

"Welcome, Beauty," it said.

"You are safe here.

No one will hurt you in my palace.

You can have anything you want.

Just ask and the invisible servants will bring it to you." [3]

Beauty was excited and took the diary to her room.

2 **pick ... up** …을 집다, 들어올리다
She picked it up. 그녀는 그것을 집었다.

3 **bring A to B** B에게 A를 가져다 주다
Just ask and the invisible servants will bring it to you.
말만 하면 보이지 않는 하인들이 당신에게 그것을 가져다 줄 것이오.

Mini-Less⚙️n

명령문＋and：…해라, 그러면 ～할 것이다

'…해라, 그러면 ～할 것이다'는 의미를 전달하고 싶을 때에는 「명령문＋and＋주어＋
동사」구조를 사용하세요.

• Just ask and the invisible servants will bring it to you.
  말만 하면 보이지 않는 하인들이 당신에게 그것을 가져다 줄 것이오.

• Come over here, and you can get the present. 이쪽으로 오세요, 그러면 선물을 받을 수 있어요.

There was another surprise for Beauty.

On her bedroom door she saw a sign that read, "BEAUTY'S ROOM."

She opened the door and went inside.

"Is this the same room I left this morning?" she said.

"Everything is so different!"

Her room was full of fine furniture and beautiful things.

There was a comfortable bed in the middle of the room. [1]

It was covered in rich satin and lace.

Her curtains were made from soft and green silk. [2]

And thick carpets warmed her feet.

"The Beast left this book for me!" she said happily.

"And now he gave me this magnificent room!

□ surprise 놀람, 뜻밖의 일
□ bedroom 침실
□ sign 표지, 간판
□ comfortable 편안한, 안락한
□ be covered in …로 덮이다
□ rich 풍성한
□ satin 새틴, 공단

□ lace 레이스
□ curtain 커튼
□ soft 부드러운, 연한
□ warm 따뜻하게 하다, 데우다
　(warm-warmed-warmed)
□ fierce 사나운, 무서운

The Beast is kind and gentle. Maybe he is not really fierce!"

 뷰티의 방에 없는 물건은 무엇일까요?

a. 편안한 침대
b. 실크 커튼
c. 튼튼한 책장   정답 c

---

1 **in the middle of** …의 가운데에
There was a comfortable bed in the middle of the room.
방 가운데에 편안한 침대가 있었다.

2 **be made from** …로 만들어지다
Her curtains were made from soft and green silk.
그녀의 커튼은 부드러운 녹색 실크로 만들어졌다.

She finished looking around the palace.

Beauty became hungry.

She sat down at the dinner table. [1]

Then the Beast came to join her.

"Good evening, Beauty," he said softly.

"What did you do today?"

□ finish 마치다, 끝내다
  (finish-finished-finished)
□ join …와 함께 하다,
  (기다리고 있는 사람과) 만나다

□ softly 부드럽게
□ explore 둘러보다, 탐험하다
□ thank A for B A에게 B로 감사하다,
  고마워하다

"I explored the palace," she said.

"I found the room of Mirrors. I laughed when I saw my reflections. I looked different in every mirror! ☀ I also found the library. Thank you for my beautiful diary. I will write in it every day."

The Beast smiled when Beauty talked excitedly.

"My room is so wonderful!" she said.

"How can I thank you?"

"Do you think you can be happy here?" he asked. [2]

"Everything is so beautiful," she said.

"I think I will be happy here."

1　**sit down**　(자리에) 앉다, 자리를 잡다
　　She sat down at the dinner table.
　　그녀는 저녁 식탁에 앉았다.

2　**Do you think...?**　…라고 생각하니?
　　Do you think you can be happy here?
　　당신은 여기서 행복할 수 있을 것이라고 생각하오?

Mini-Less☀n　　　　See p.89

every + 단수 명사: 어느 …이나 다

'어느 …이나 다, 모든 …' 라는 말을 하고 싶을 때에는 「every + 단수명사」 구조를 사용하세요. 복수의 의미를 갖지만 단수형 동사를 쓴다는 것, 꼭 기억하세요..

• I looked different in every mirror! 저는 모든 거울에서 다르게 보였어요!
• Every student wants to go. 모든 학생들이 가기를 원한다.

Check-up Time!

● WORDS

퍼즐의 빈칸에 들어갈 알맞은 낱말을 쓰세요.

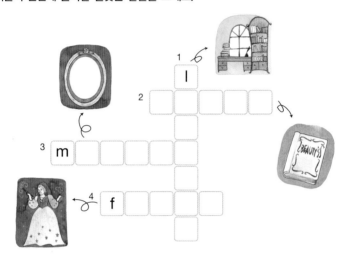

● STRUCTURE

주어진 동사를 과거형으로 고쳐 쓰세요.

1 When the Beast _____, Beauty was scared. (appear)

2 There _____ large gold mirrors and small silver mirrors. (are)

3 A thick carpet _____ her feet. (warm)

4 She _____ looking around the palace. (finish)

 ANSWERS

Structure | 1. appeared 2. were 3. warmed 4. finished
Words | 1. library 2. diary 3. mirror 4. fairy

문장의 앞 부분과 뒷 부분을 본문에 나오는 내용을 생각하며 연결하세요.

1 Beauty, go home and •   • a. in a beautiful garden.

2 The prince was standing •   • b. in rich satin and lace.

3 Beauty laughed •   • c. at what she saw.

4 Beauty's room was •   • d. take care of your
   covered   sisters.

● SUMMARY

빈 칸에 맞는 말을 보기에서 골라 넣어 이야기를 완성하세요.

Beauty and her father arrived at the Beast's (   ). Next morning, Beauty's father left and Beauty stayed in the palace (   ). Beauty (   ) the palace and found the diary in the (   ). And Beauty and the Beast had dinner together.

a. alone   b. looked around

c. library   d. palace

Three important items in Beauty and the Beast

〈미녀와 야수〉에 나오는 3가지 중요한 물건

Red rose: Beauty's father left for the harbor. Beauty asked her father to bring her a red rose. Her father picked a beautiful red rose in the Beast's garden. But the Beast became very angry. Beauty's father had to take her to the Beast. Beauty and the Beast met because of that red rose.

빨간 장미 : 뷰티의 아버지는 항구로 떠납니다. 뷰티는 아버지에게 빨간 장미 한 송이를 가져다 달라고 부탁해요. 아버지는 야수의 정원에서 아름다운 빨긴 징미 한 송이를 꺾는답니다. 하지만 야수는 매우 화가 나게 되고, 이 일로 뷰티의 아버 지는 뷰티를 야수에게 데려다 주게 되죠. 이 빨간 장미로 인해 뷰티와 야수가 만나 게 된답니다.

M agic mirror: After Beauty's father left, Beauty looked around the Beast's palace. She found the room of mirrors.
In some mirrors, she looked like a small fairy. And in other mirrors, she looked like a tall giraffe. She looked different in every mirror. The magic mirror teaches us not to judge people by their appearances.

마법의 거울 : 뷰티의 아버지가 떠나고, 뷰티는 야수의 성을 둘러봐요. 그녀는 거울의 방을 발견하지요. 어떤 거울에서 뷰티는 작은 요정처럼 보였어요. 그리고 다른 거울에서는 키가 큰 기린 같아 보였답니다. 그녀의 모습은 모든 거울에서 다르게 보였어요. 마법의 거울은 우리에게 사람을 외모로 판단하지 말라는 것을 가르쳐줍니다.

B eauty's diary: Beauty went to the library in the Beast's palace. The library was full of books and Beauty found a diary on the table. The Beast had put it there for her. Beauty was excited. She thought the Beast was kind and not that scary. Beauty's diary made her feel differently about the Beast.

뷰티의 다이어리 : 뷰티는 야수의 성에 있는 서재에 가게 되요. 서재에는 책들이 가득 차 있고, 뷰티는 탁자 위에서 다이어리를 발견해요. 바로 야수가 뷰티를 위해서 놓아 둔 것이었어요. 뷰티는 신나서 야수가 친절하고 그렇게 무섭지 않다고 생각해요. 뷰티의 다이어리를 통해서 뷰티는 야수에 대해서 다르게 생각하는 계기가 되죠.

Will You Marry Me?

나와 결혼해 주겠소?

Every night the Beast came to eat dinner
with Beauty.

They talked about many things.

She began to like the Beast.

She no longer noticed his fierce
looks.

But every night he asked
Beauty the same questions.

"Do you love me, Beauty?"
he asked.

"Will you marry me?"

□ every night 매일 밤
□ no longer 더 이상 …이 아니다
□ notice 신경을 쓰다
□ looks 외모, 모습
□ afraid …을 두려워하는, 무서워하는

□ refuse 거절하다, 거부하다
□ without fear 두려움 없이
□ every time 매번
□ as …할 때

Beauty was still afraid to refuse the Beast. [1]

"Just say 'yes' or 'no' without fear,"

he said.

And every time Beauty answered,

"I'm sorry, I like you, but I do not love you.

I cannot marry you."

"I understand, Beauty," he said.

"It is difficult to love an ugly

beast. [2]

Good night."

"Good night, Beast,"

she said,

as he left the room.

---

1 **be afraid to + 동사원형** ···하는 것을 두려워하다, 무서워하다
Beauty was still afraid to refuse the Beast.
뷰티는 여전히 야수를 거절하는 것을 두려워했다.

2 **It is difficult to + 동사원형** ···하는 것은 어렵다
It is difficult to love an ugly beast.
못생긴 야수를 사랑하는 것은 어렵지.

One night she dreamed of her Prince again.

"Beauty, why are you so unkind to me?" he said.

"Why do you refuse me? Remember what I told you! [1]

Do not believe everything you see!"

The next morning she went into the garden.

The sun was shining brightly.

The flowers smelled wonderful.

Beauty stopped.

She was sure this was the garden in her dreams! [2]

"The Prince must be the Beast's prisoner," ☀

she thought.

"But where is he?"

☐ be unkind to …에게 친절하지 않다
☐ remember 기억하다
☐ shine (태양이) 비치다, 빛나다
   (shine-shone-shone)

☐ brightly 밝게
☐ wonderful 좋은, 훌륭한
☐ dream 꿈
☐ prisoner 죄수, 포로

1 **what I told you** 내가 당신에게 말한 것
  Remember what I told you!
  제가 당신에게 말한 것을 기억하세요!

2 **be sure (that)** …가 틀림없다고 생각하다, 확신하다
  She was sure this was the garden in her dreams!
  그녀는 이 곳이 꿈에 나왔던 정원이라는 것을 확신했다.

Mini-Less☀n

확신의 조동사 must

'…임에 틀림없다, …인 것이 확실하다'는 확신의 의미를 표현하고 싶을 때에는, 조동사 must를 쓰면 돼요. must 다음에는 반드시 동사원형이 와야 한다는 것도 기억하세요.

- The Prince must be the Beast's prisoner. 왕자는 야수의 포로임에 틀림없어.
- He must be sick today. 그는 오늘 아픈 것이 틀림없어.

Several weeks passed. Beauty missed her family.

She wanted to see them.

"What's wrong, Beauty?" said the Beast.

"You look so sad. Aren't you happy here?"

Beauty was no longer afraid of him. [1]

"I miss my family," she said.

"First I need to see them again. [2]

Then I can be truly happy here."

☐ miss 그리워하다, 보고 싶어하다
☐ truly 진실로, 거짓없이
☐ hate 싫어하다, 미워하다
☐ escape 탈출하다, 벗어나다
☐ softly 부드럽게, 조용하게
☐ come back 돌아오다
☐ stay ⋯에 머무르다, ⋯에 묵다
☐ forever 영원히

"Why do you want to leave me?" he said.

"Do you hate me?

Do you want to escape because I am so ugly?"

"No, dear Beast," answered Beauty softly.

"You are not ugly and I do not hate you.

I will be very sad if I can't see you again.

But I want to see my father. Please let me go. ☀

I promise to come back to you.

Then I will stay with you forever!"

---

1 **no longer** 더 이상 …하지 않는
Beauty was no longer afraid of him.
뷰티는 더 이상 그를 두려워하지 않았다.

2 **need to + 동사원형** …해야 한다, …할 필요가 있다
First I need to see them again.
우선 저는 그들을 다시 봐야 해요.

Mini-Less ☀n

let : …하도록 해주세요

'A가 B하도록 해주다, 허락하다' 라는 말을 하고싶을 때에는
「let + 목적어(A) + 동사원형(B)」 구조를 사용하세요.

• Please let me go. 제가 가게 해주세요.
• Please let me help you. 제가 당신을 도와주게 해주세요.

"I cannot say no," said the Beast.

"I will do anything for you! [1]

But remember your promise.

Come back in one week.

I will die if you do not return in time." [2]

"Thank you, Beast. I promise," said Beauty.

"Take this ring," said the Beast. 반지에는 약속의 의미가 있어요. 그래서 야수가 꼭 돌아오라는 의미로 뷰티에게 반지를 줄 거예요.

"When it is time to come back, put this ring next to

your bed. Then say 'I wish to go back to my palace.'

Sleep well, Beauty. You will see your father soon."

Then he left the room.

□ say no 거절하다
□ remember 기억하다
□ promise 약속
□ die 죽다
□ return 돌아오다
□ take 가져가다
□ put 놓다, 두다

□ ring 반지
□ next to ···옆에
□ wish 바라다, 소원하다
□ palace 궁전, 성
□ soon 곧, 금방
□ leave 떠나다 (leave-left-left)

1 **do anything** 무엇이든 하다
  I will do anything for you!
  저는 당신을 위해서라면 무엇이든 할 거예요!

2 **in time** 시간 안에, 제때
  I will die if you do not return in time.
  만약 당신이 제 시간에 돌아오지 않으면, 난 죽을 거요.

 야수가 뷰티에게 반드시 돌아오라며 준 것은 무엇일까요?

a. a ring
b. a necklace
c. earrings

정답 e

Beauty was very excited. [1]

She didn't sleep well.

That night she dreamed about her Prince again.

But this time he looked sad and weary.

"What's the matter?" she cried.

"How can you ask me that?" he said.

□ sleep well 잘 자다
□ dream about …에 대한 꿈을 꾸다
□ weary 지친, 피곤한
□ what's the matter?
　무슨 일인가요?
□ cry 외치다, 소리치다

□ leave 떠나다
□ ugly 추한, 흉측한
□ kind 친절한
□ gentle 신사적인, 친절한
□ warm 따뜻한, 인정이 있는
□ inside 속마음, 본성

66 • Beauty and the Beast

"You are leaving me! I will die without you!" [2]

"I only want to see my father," said Beauty. ☀

"I promised to return."

"Do you really care about the ugly Beast?" [3]

asked the Prince.

"Yes, I do," she said.

"He looks ugly, but he is kind and gentle.

And I know he is warm inside."

---

[1] **be excited** …로 신나다, 흥분하다
Beauty was very excited.
뷰티는 무척 신이 났다.

[2] **without** …가 없으면, …없이
I will die without you.
나는 당신이 없으면 죽을 거요.

[3] **care about** …을 좋아하다, 신경 쓰다
Do you really care about the ugly Beast?
당신은 정말로 못생긴 야수를 좋아하오?

Mini-Less☀n

only : 동사를 강조하는 부사

only가 동사 앞에 위치하면 '단지 …뿐, 겨우 …할 뿐' 이라는 뜻으로 동사를 강조하는
역할을 해요.

• I only want to see my father. 저는 단지 아버지를 만나고 싶을 뿐이에요.
• She only wanted to go to the park. 그녀는 단지 공원에 가고 싶을 뿐이었다.

In the morning, she opened her eyes.

She was back in her old room.

She went into the kitchen and saw her father
and sisters.

They were surprised to see her again. [1]

"What are you doing here?"
said her eldest sister.

"We thought you were
gone forever!"

"I missed you all,"
said Beauty.

"I can only stay for one
week. I promised to return
to the Beast. He will die
if I do not go back to
him."

□ open one's eyes ···의 눈을 뜨다
□ be back 돌아오다
□ be gone 사라지다, 없어지다
□ mean 의미하다

□ forget 잊다, 생각하지 않다
□ thoughtful 생각이 깊은, 사려 깊은
□ quickly 빠르게
□ date 날짜

Beauty told her father about her strange dreams. [2]
"The Prince tells me not to believe everything
I see," she said.
"What does he mean, Father?"
"The Prince is telling you to forget the Beast's

fierce looks,"
said her father.
"But remember how kind and
thoughtful he is.
You should keep your
promise to the Beast."
Beauty knew her father
was right.
The one week passed quickly
and Beauty forgot the date.

forget의 for-는 '보내다'는 뜻이고 -get은
'붙잡다'는 뜻이에요. 이 둘이 합쳐져서
'붙잡지 않고 보내다' 즉, '잊다'라는 뜻이
만들어졌어요.

---

1 **be surprised to + 동사원형** ···하고 놀라다
They were surprised to see her again.
그들(언니들)은 그녀를 다시 보고 놀랐다.

2 **tell A about B** A에게 B에 대해서 이야기하다
Beauty told her father about her strange dreams.
뷰티는 아버지에게 그녀의 이상한 꿈에 대해서 이야기했다.

Check-up Time!

빈 칸에 보기에서 알맞은 단어를 골라 써 넣으세요.

| shining | questions | in time | unkind |

1 The Beast asked Beauty the same _____.

2 Why are you so _____ to me?

3 The sun was _____ brightly.

4 I will die if you do not return _____.

● STRUCTURE

괄호 안의 두 단어 중 맞는 것에 동그라미 하세요.

1 The next morning she (go / went) into the garden.

2 He (look / will look) so sad.

3 Beauty wanted to (see / saw) her family.

4 She (was / were) back in her old room.

ANSWERS

Words | 1. questions 2. unkind 3. shining 4. in time
Structure | 1. went 2. will look 3. see 4. was

70 ● Beauty and the Beast

문장의 앞 부분과 뒷 부분을 본문에 나오는 내용을 생각하며 연결하세요.

1 Do not believe   •   • a. to see her again.

2 Do you want to   •   • b. your promise to
   escape   the Beast.

3 They were surprised •   • c. because I am so ugly?

4 You should keep   •   • d. everything you see.

● SUMMARY

빈 칸에 맞는 말을 보기에서 골라 넣어 이야기를 완성하세요.

> Every night Beauty and the Beast had (   ) together.
> And they (   ) about many things. Beauty wanted to
> meet her (   ) again. She promised to the Beast she
> would (   ) in a week.

a. talked   b. dinner

c. come back   d. family

The Prince of Her Dreams

꿈속의 왕자님

One night she had a bad dream.

She was on a lonely path in the palace garden.

She heard groans coming from a cave behind
the rosebushes.

She hurried to the cave and found the Beast.

He was lying on the ground.

He looked pale and weak.

"Why didn't you keep your promise, Beauty?" [1]
he whispered.

- □ bad 안 좋은, 나쁜
- □ lonely 쓸쓸한, 인적이 드문
- □ path 작은 길, 오솔길
- □ groan 신음소리
- □ come from …에서 나오다
- □ cave 동굴
- □ rosebush 장미덤불

- □ lie 눕다 (lie-lay-lain)
- □ on the ground 바닥에
- □ pale 창백한, 핏기 없는
- □ weak 약한, 연약한
- □ whisper 속삭이다, 귀띔하다
- □ sadly 슬프게
- □ terrified 겁을 먹은

---

[1] **Why didn't you + 동사 ...?** 왜 …하지 않았나요?
Why didn't you keep your promise, Beauty?
뷰티, 왜 약속을 지키지 않았소?

"You didn't come back in time. I am dying!"

"Oh, Beast! Please don't die," she cried.

"I'm so ugly," he said sadly.

"You can never love me, can you?"

Then he died in her arms. [2]

Beauty was terrified by
her dream. [3]

[2] **in one's arms** ⋯의 품에서
Then he died in her arms.
그리고 나서 야수는 뷰티의 품 안에서 숨을 거두었다.

[3] **be terrified by** ⋯에 겁을 먹다, ⋯에 놀라다
Beauty was terrified by her dream.
뷰티는 그녀의 꿈에 놀랐다.

The next morning she told her family she would
leave them that night. ☀

When she went to bed, she put the ring next to her.

Then she said, "I wish to go back to my palace."

She soon fell asleep.

When Beauty awoke,

she was back in the palace again.

She wanted to see the Beast.

But he did not come to see her at dinner.

She was worried and ran into the garden.

"Beast! Beast!" she cried.

But there was no answer.

Then she saw the cave from her dream.

She ran inside and found the Beast.

He was lying and his eyes were closed.

She sat down next to him.

□ go to bed 잠자리에 들다
□ put …에 놓다, 두다
□ awake 일어나다, 깨다
　(awake-awoke-awaken)
□ worried 걱정하는

□ run into …로 달려가다
□ cave 동굴
□ from one's dream …의 꿈에서
□ closed 감긴
□ sit down 앉다

1 **fall asleep** 잠들다
She soon fell asleep. 그녀는 곧 잠이 들었다.

Mini-Less :●: n

시제의 일치

'그녀가 …라고 말했다'는 뜻으로 「She told (that)+주어+동사」라고 할 때 주절의
동사가 과거시제(told)가 되면 that절 이하도 과거형 동사를 써서 시제를 일치시켜야 해요.

• The next morning she told her family she would leave them that night.
　다음 날 아침 그녀는 가족에게 그날 밤에 떠날 것이라고 말했다.
• She told me that she wanted to go to the zoo. 그녀는 나에게 동물원에 가고 싶다고 말했다.

"Oh no, he's dead! It's my fault!" cried Beauty.

She held his head and began to cry. [1]

Her tears fell on the Beast's face.

"You can't die. I want to live with you."

said Beauty.

Suddenly he opened his eyes and looked at her.

"Oh, you scared me!" she cried.

"I never knew how much I loved you until now."

"Can you really love an ugly creature like me?" ☀

whispered the Beast.

"I don't care about your looks," answered Beauty.

"You are kind and gentle. I truly love you!"

□ fault 잘못, 허물
□ hold 잡다, 받치다
□ tear 눈물
□ fall on …에 떨어지다

□ scare 겁을 주다, 위협하다
□ creature 창조물
□ truly 진심으로, 진정으로
□ gladly 기꺼이, 기쁘게

---

[1] **hold one's head** …의 머리를 잡다(받치다)
She held his head and began to cry.
그녀는 그의 머리를 잡고 울기 시작했다.

[2] **with all one's heart** 진심으로
I love you with all my heart.
저는 진심으로 당신을 사랑해요.

"You came back just in time, Beauty," he said.

"I love you with all my heart. [2] Will you marry me?"

"Yes, my darling Beast," she answered softly.

"I will gladly marry you."

Mini-Less🌞n

like의 다른 뜻은?

like를 '좋아하다'는 동사로의 뜻만 알고 있나요? 본문의 문장에서처럼
'(…)와 같은, 비슷한'이라는 전치사의 의미를 갖기도 해요.

- Can you really love an ugly creature like me?
  당신은 정말 나같이 추한 괴물을 사랑할 수 있나요?
- She looks like a famous movie star. 그녀는 유명한 영화배우처럼 보인다.

Beauty bent over the Beast and kissed his cheek.

Suddenly there was a flash of light.

She was surprised to see the Prince of her dreams.

"Who are you?" said Beauty.

"Where is my dear Beast?"

"I am your Beast," said the Prince.

"A long time ago an evil witch wanted me to marry

her daughter. I refused and she cast a spell on me. [1]

She turned me into the Beast. [2]

Only the true love of a beautiful girl could turn me

back into a prince. You saved my life.

I love you, Beauty."

They hugged each other and kissed.

□ bend over ···로 몸을 구부리다
　(bend-bent-bent)
□ cheek 뺨, 볼
□ be surprised ···에 놀라다
□ flash of light 번쩍하는 불빛
□ dear 소중한, 귀중한
□ a long time ago 오래 전에

□ evil 사악한, 나쁜
□ witch 마녀
□ marry ···와 결혼하다
□ daughter 딸
□ refuse 거절하다, 거부하다
□ save 구하다
□ hug 안다, 포옹하다

1 **cast a spell on** …에게 주문을 걸다
I refused and she cast a spell on me.
나는 거절했고 그녀는 나에게 주문을 걸었소.

2 **turn A (back) into B** A를 (다시) B로 바꾸다
She turned me into the Beast.
그녀는 나를 야수로 바꾸어 놓았소.

□ be filled with …로 가득 차다
□ far and wide 멀리서
□ celebrate 축하하다
□ wedding 결혼식

□ ever after 오래도록
□ noise 소음, 소란
□ laughter 웃음
□ children 아이들 (child의 복수형)

The Prince and Beauty were married two weeks
later.
The palace was filled with beautiful roses
from the garden.
People came from far and wide to celebrate
their wedding.
"My dearest, Beauty," her father said,
"I am so pleased that you found a wonderful
and kind husband." [1]
"I didn't find him Father, you did,"
said Beauty happily.
"Remember, you stopped here and picked a rose
for me!"
Beauty and her Prince lived happily ever after. [2]
The palace was soon filled with the noise and
laughter of their children.

---

[1] **be so pleased that + 주어 + 동사** …해서 너무나 기쁘다
I am so pleased that you found a wonderful and kind husband.
나는 네가 멋지고 다정한 남편을 찾게 되다니 정말 기쁘구나.

[2] **live happily ever after** 그 후 오래도록 행복하게 살다
Beauty and her Prince lived happily ever after.
뷰티와 그녀의 왕자님은 오래도록 행복하게 살았다.

Check-up Time!

● **WORDS**

퍼즐의 빈 칸에 들어갈 알맞은 낱말을 쓰세요.

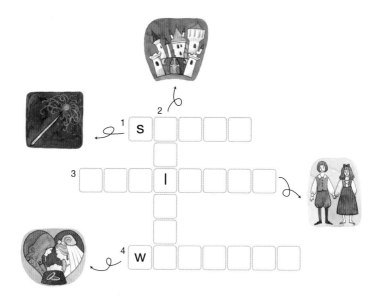

● **STRUCTURE**

괄호 안의 두 단어 중 맞는 것에 동그라미 하세요.

1 Beauty (bended over / bent over) the Beast.

2 The palace was (filled with / filling with) beautiful roses.

3 You didn't (come back / came back) in time.

본문의 내용과 일치하면 T, 일치하지 않으면 F에 표시하세요.

1 The Beast went to the cave to find Beauty.　T　F

2 Beauty came back one month later.　T　F

3 The Beast changed into the Prince.　T　F

4 The Prince and Beauty were married.　T　F

● SUMMARY

빈 칸에 맞는 말을 보기에서 골라 넣어 이야기를 완성하세요.

Beauty had a bad (　　) about the Prince one night. The Prince was dying in Beauty's dream. So Beauty (　　) to the Beast's palace. She found the lying Beast in the cave. She thought the Beast was dead, but he was alive. Two weeks later, Beauty and the Beast were (　　) and lived (　　) ever after.

---

a. married　　　　b. dream

c. hurried　　　　d. happily

After
the Story

Reading X-File 이야기가 있는 구문 독해
Listening X-File 공개 리스닝 비밀 파일
Story in Korean 우리 글로 다시 읽기

The youngest daughter was the most beautiful.

막내딸이 가장 아름다웠다.

★　★　★

뷰티에게는 두 언니가 있었는데, 자신들이 가장 아름답다고 생각하죠. 사실은 위의 문장처럼 막내인 뷰티가 가장 아름다운데 말이죠. '가장 …한' 이라는 최상급 표현은 「the most + 형용사」로 하면 된답니다. 단 beautiful처럼 3음절이 넘는 형용사의 경우에만 여기에 해당돼요. 그럼 뷰티와 야수의 대화를 통해 이 표현을 다시 볼까요?

Beast

Oh, Beauty. I've met a lot of women.
But you are the most beautiful woman.

오, 뷰티. 나는 많은 여자들을 만났소.
하지만 당신이 가장 아름다운 여자라오.

Beauty

Thank you, my dear Beast.
You are the most wonderful man.

고마워요, 야수님. 당신은 가장 멋진 남자예요.

I have just received a message.

내가 방금 전갈을 받았단다.

★　★　★

부유하게 살던 뷰티의 가족들은 아버지의 배가 폭풍으로 모두 가라앉자 갑자기 가난해집니다. 하지만 어느 날, 아버지는 배 한 척이 남아 있다는 기쁜 소식을 받게 되고 이를 딸들에게 전하지요. 이때의 상황을 나타낸 위 문장에서 '방금 …했다' 라는 뜻의 「have[has] + 과거분사」가 쓰이고 있는데, 눈치챘나요? 이 표현은 과거에 시작된 동작이 지금 막 끝났을 때 사용된답니다. 그럼 뷰티와 뷰티 언니의 대화로 다시 볼까요?

Beauty

Sister, I have just received a beautiful pearl necklace from the Beast.

언니, 내가 방금 야수에게서 아름다운 진주목걸이를 받았어요.

Beauty's sister

Oh, really? It looks really beautiful.

오, 정말이니? 정말 아름다워 보이는구나.

If you bring me one of your daughters, I will forgive you.

만약 당신이 딸 중 한 명을 데려온다면, 나는 당신을 용서할 거요.

★　★　★

뷰티의 아버지는 아름다운 야수의 정원에서 장미 한 송이를 꺾습니다. 하지만 이를 본 야수는 불같이 화를 내며 딸 한 명을 데려와야 용서해 주겠다고 말하죠. 이를 표현한 위 문장은 '만약 …하면, ~하겠다' 라는 뜻의 「If＋주어＋현재형 동사, 주어＋will＋동사」형식의 조건문을 취하고 있어요. 야수와 뷰티의 대화로 조건문이 어떻게 쓰이는지 다시 한 번 살펴볼까요?

Beast

If you promise to return, I will let you go.

만약 당신이 돌아오겠다고 약속한다면, 당신을 보내주겠소.

Beauty

Yes, I promise you. I will return and stay with you forever.

네, 약속할게요. 돌아와서 영원히 당신 곁에 머물게요.

I looked different in every mirror!

모든 거울에서 제 모습이 다르게 보였어요!

★　★　★

야수의 성에 혼자 남게 된 뷰티는 거울로 가득 찬 방에 들어가서, 여러 가지 모양의 거울들에 자기 모습을 비춰 봅니다. 이때 위 문장처럼 모든 거울에 뷰티의 모습이 다르게 비춰지는데요. 위 문장처럼 '모든(어느) …이나' 라는 표현을 하고 싶다면 「every + 단수명사」를 쓰면 됩니다. 그럼 뷰티의 언니와 야수의 대화로 다시 살펴볼까요?

Beauty's sister

Every room in your palace is really fantastic!
당신 성의 모든 방은 정말 환상적이에요!

Beast

Thank you. But Beauty likes the mirror room the most.
고마워요. 하지만 뷰티는 거울의 방을 가장 좋아해요.

01 찐~한 된소리 발음 한번 해볼까요?

s 다음에 t, p, k가 오면 [ㄸ], [ㅃ], [ㄲ]로 발음해 주세요.

star wars를 [스타워즈]라고 발음했다면, 이제부터라도 [스ㅌ따워즈]라고 발음해 보세요. 이와 마찬가지로 started는 [스ㅌ따릳]로, stem은 [스ㅌ뗌]으로 발음해야 한답니다. s 다음에 t, p, k가 오면 된소리 발음이 나기 때문이지요. 미녀와 야수에서는 뷰티의 언니들을 설명하는 16쪽에 이런 발음이 등장했답니다. 함께 살펴볼까요?

The two elder (　　　) thought they were the most beautiful women. They only wore expensive clothes. They always thought about marrying rich men.

sisters s 다음에 t가 왔으므로 강하게 발음해야 합니다. 그러므로 두 번째 s다음에 오는 t는 [ㄸ]로 발음해 줘야 합니다. 즉, [시스터즈]가 아닌 [시스떠즈]로 발음해야 원어민과 가까운 발음을 할 수 있답니다.

02 사라진 t 발음은 어디로?

단어 마지막에 오는 t 는 약하거나
거의 들리지 않아요.

영어 단어들 중에는 철자와 발음기호에도 분명히 t 발음이
있는데, 실제로 원어민이 말하는 것을 들어보면 t 발음이
거의 들리지 않는 경우가 많이 있어요. 특히 -nt로 끝나는
단어에서는 마지막에 오는 t는 거의 들리지 않는답니다.
따라서 don't, can't, won't, wouldn't와 같은 부정형의
경우에는 t가 문장 전체의 뜻을 바꿀 수 있으므로 더 주의
해서 들어야 해요. 그럼, 본문 19쪽에서 사라진 t 발음을
함께 찾아볼까요?

"(①) worry," said their father. "We (②)
be poor forever. One day we will be rich
again."

① **Don't** t 발음은 거의 들리지 않을 정도로 [돈ㅌ]하고 아주 살
   짝 발음됩니다.

② **won't** 마지막의 t가 약화되어 [오운ㅌ] 정도로 들립니다.

03 Go, go, go! 의 비밀

o는 [오]가 아닌 [오우]로 발음해 주세요.

문장에서 자주 쓰이는 동사 go, 이렇게 쉬운 동사를 따로 공부할 필요가 있냐구요? 하지만 한국인 가운데 이 발음을 정확하게 하는 사람은 별로 없답니다. go의 o는 발음이 [ou] / [오우]로, [오]와 [우]의 비율이 중요해요. 이상적인 비율은 [오] : [우] = 7:3 정도입니다. 앞에 오는 [오] 발음을 좀더 길고 강하게 해준다면 뒤에 오는 [우] 발음은 저절로 짧고 약하게 발음되겠죠. 본문 43쪽에서 살펴볼까요?

"we promised the Beast that I would stay.
We should keep that promise.
Please (　　) home, but don't forget me."

go [고]로 발음하면 정말 토종 한국식 발음이 된답니다. [오]와 [우]를 7:3의 비율로, 앞의 [오]를 강하게 발음하면 미국인 친구도 깜짝 놀랄 본토식 발음이 나온답니다.

04 라이버리로 들리신다구요?

library 처럼 r이 반복되면 한 번만 발음해 주세요.

보통 r 발음을 정확하게 하기 위해서는 입을 많이 움직여야 한답니다. 혀가 입천장에 닿지 않은 상태에서 입 안에서 굴리며 내는 발음이기 때문이지요. 그럼 이렇게 쉽지 않은 r 발음이 연거푸 이어지면 어떻게 될까요? library나 February처럼 말이에요. 이 경우 2개의 r 발음 중 보통 앞의 r을 생략해서 발음한답니다. 그럼, 본문 48쪽에서 생략된 r 발음을 함께 찾아볼까요?

> She came to the next room.
> She found a (　　) with thousands of books.
> Its shelves were full of books of all sizes,
> shapes and colors.

library ra 다음에 또 r이 나오기 때문에 한 번만 발음되고 앞의 r은 생략된답니다. 따라서 [라이브러리]라고 발음되는 것이 아니라 [라이버리] 정도로 발음됩니다.

1장 | 그녀의 이름은 뷰티

p.16~17 옛날에 한 부자 상인이 살았다. 그는 여러 척의 배를 가지고 있었다. 그의 배들은 전세계에서 금을 잔뜩 싣고 왔다. 상인에게는 딸이 셋 있었다. 그들은 마을의 큰 집에서 함께 살았다. 맏딸과 둘째 딸은 자신들이 가장 아름답다고 생각했다. 두 딸은 값비싼 옷들만 골라 입었다. 그들은 언제나 부자 남자와 결혼할 생각만 했다.

하지만 막내딸이 가장 아름다웠다. 모두들 그녀를 '뷰티'라고 불렀다. 뷰티의 언니들은 동생을 시샘했다.

p.18~19 그러던 어느 날, 상인에게 끔찍한 소식이 날아들었다. 그의 배들이 폭풍을 만나 모두 바닷속으로 가라앉고 말았다는 것이었다. 상인은 가족이 살던 큰 집을 팔아야 했다. 그는 가족을 데리고 시골에 있는 작은 집으로 살러 갔다.

상인은 이제 딸들에게 아름다운 물건들을 사줄 수가 없었다. 하인을 부릴 돈도 없었다. 세 딸이 온갖 집안일을 다 해야 했다. 맏딸과 둘째 딸은 못마땅했다. 둘은 항상 불평을 늘어놓았다. 둘은 이기적이었고 집안일을 전혀 거들지 않았다. 하지만 뷰티는 날마다 열심히 일했다.

뷰티의 언니들이 말했다. "오, 아버지. 우리 집이 가난하니 우리는 절대 부자 남편을 만나지 못할 거예요!"

"걱정하지 말거라. 우리가 영원히 가난하지는 않을 거야. 언젠가는 다시 부자가 될 거다." 아버지가 말했다.

p.20~21 그로부터 몇 주 후, 아버지가 기쁜 소식을 가지고 집에 왔다.

"방금 전갈을 받았단다. 내 배 중 한 척은 바다에 가라앉지 않았다는구나. 배가 항구에 도착했는데 금도 잔뜩 싣고 돌아왔다는구나." 아버지가 말했다.

가족은 그 소식을 듣고 몹시 기뻐했다.

"만세, 우린 다시 부자가 되었어! 이제 부자 남자가 나와 결혼하고 싶어 할 거야! 내일 마을로 가야지. 예쁜 옷과 구두를 새로 사야지." 맏딸이 말했다.

"난 부츠를 새로 살 거야. 그리고 모자도 몇 개 새로 사고 보석도 사야지. 이제 난 부자 남편을 만나게 될 거야!" 둘째 딸이 말했다.

p.22~23 "저는 새 리본이 필요해요, 아버지. 하지만 아버지가 돌아오실 때까지 기다릴 수 있어요." 뷰티가 말했다.

"그래. 내가 돌아올 때까지 기다리렴. 너희들 모두에게 작은 선물을 가져다 주겠다고 약속하마." 자매의 아버지가 말했다.

"전 진주목걸이가 좋아요!" 맏딸이 말했다.

"전 고급 비단이 갖고 싶어요!" 둘째 딸이 말했다. 뷰티는 아무 말도 하지 않았다.

"그럼 너는 무엇을 가지고 싶니, 뷰티?" 아버지가 물었다.

"저는 선물은 필요 없어요, 아버지. 저는 아버지가 다시 행복해지신 것만으로도 기뻐요." 그녀가 말했다.

"뭐라도 고르려무나." 아버지가 말했다.

"장미 한 송이를 가져다 주세요, 아버지. 아름다운 붉은색 장미로요." 뷰티가 말했다.

p.24~25 상인은 딸들에게 작별인사를 했다. 그는 급히 항구로 갔다. 하지만 그는 자신의 배를 찾을 수가 없었다. 그래서 상인은 항만장을 만나러 갔다.

"내 배를 찾으러 왔소. 하지만 항구 어디에도 내 배가 보이지 않는군요." 상인이 말했다.

"안됐지만 해적들이 당신의 배와 금을 훔쳐갔어요!" 항만장이 말했다.

"이런, 말도 안 돼!" 상인이 외쳤다. "딸들에게 선물을 가져가기로 약속했는데. 이제 선물을 살 돈이 한 푼도 없다니! 선물도 없이 어떻게 집으로 돌아가지?"

2장 | 뷰티에게 줄 장미

p.28~29 상인이 항구를 떠날 때 눈이 펑펑 내리기 시작했다. 몇 시간을 여행한 상인은 몹시 춥고 기진맥진했다. 그는 쉴 곳이 필요했다. 그때 눈 속에 가느다랗게 길이 나 있는 것이 보였다. 상인은 길을 따라가다가 으리으리한 궁전에 이르렀다.

"어쩌면 여기는 친절한 왕자님이 사는 곳일지도 몰라." 상인이 말했다. 그는 대리석 계단을 올라가 궁전 안으로 들어갔다. "안에 들어오니 참 좋은걸. 잠시 여기서 쉬어 가야겠다." 상인은 앉아서 잠이 들었다.

p.30~31 상인이 잠에서 깼을 때 옆에 놓인 탁자에 음식이 차려져 있었다. 모든 음식이 아주 맛있어 보였다. 구운 통닭과 맛있어 보이는 소시지가 있었다. 그리고 갓 구운 케이크와 빵도 있었다. 커다란 그릇에 오렌지와 사과가 담겨 있고 포도주를 따라놓은 잔도 있었다.

상인이 생각했다. '저 음식이 어디서 온 걸까? 난 지금 배가 몹시 고파. 식사를 마친 후에 궁전 주인을 찾아봐야겠다. 떠나기 전에 감사인사는 해야지.'

상인이 식사를 마친 후에도 궁전은 여전히 몹시 고요하기만 했다. 그는 궁전 주인을 찾아 나섰지만 궁전 안에는 아무도 없었다.

p.32~33 상인은 궁전에 있는 정원으로 나가보았다. 그는 놀라고 말았다. 궁전 벽 너머에는 눈이 내렸다. 하지만 정원 안에는 햇살이 밝게 빛나고 있었다. 공기에서도 상쾌하고 맑은 냄새가 났다. 정원은 오렌지나무와 사과나무로 가득했다. 그리고 알록달록한 꽃들이 사방에서 자라고 있었다.

그러다 상인은 아름다운 장미 덤불을 보았다. 그는 뷰티와 한 약속이 떠올랐다. 그는 걸음을 멈추고 아름다운 붉은색 장미 한 송이를 꺾었다.

그러자 갑자기 그의 뒤에서 엄청난 소리가 났다. 그가 뒤를 돌아보니 거대하고 사나운 야수가 서 있었다. 야수의 몸은 금빛 털로 덮여 있어서 마치 커다란 사자를 보는 듯했다. 그런데 야수는 아름답고 값비싼 옷을 입고 있었다.

p.34~35 "나는 너에게 음식과 쉴 곳을 주었다! 그런데 내 장미를 훔치다니! 너는 벌을 받아 마땅해!" 야수가 외쳤다.

상인은 무릎을 꿇고 외쳤다. "용서하십시오, 나리. 음식과 쉴 곳을 주셔서 감사드립니다. 하지만 나리를 찾을 수가 없었습니다!"

그리고 상인은 야수에게 자신의 불운한 처지를 털어놓았다. "모든 것을 잃었기 때문에 딸들에게 줄 선물을 살 수가 없습니다. 하지만 제 막내딸인 뷰티를 위해서 장미를 한 송이 가져가고 싶었습니다. 제발 용서해 주십시오. 나리를 화나게 할 마음은 없었습니다."

야수는 잠시 잠자코 있었다. 이윽고 야수가 말했다. "너의 딸 중 한 명을 내게 데려온다면 너를 용서해 주겠다."

p.36~37 "장미를 훔친 건 접니다! 제 딸이 아니라 저에게 벌을 주십시오!"
상인이 외쳤다.

"반드시 딸을 보내야 한다! 이제 집으로 돌아가서 일주일 내에 딸을 데려오너라. 만약 그러지 않는다면 내가 가서 너의 딸을 데려오겠다! 그리고 너를 죽여버리겠다!" 야수가 말했다.

상인은 일주일 뒤에 돌아오겠다고 약속했다. 그는 서둘러 집으로 돌아갔다.

그의 딸들이 기뻐하며 아버지를 맞으러 뛰어나왔다. 하지만 아버지의 슬프고 지친 얼굴을 보자 딸들은 무슨 일이 생겼음을 알아차렸다.

"왜 그러세요, 아버지? 몹시 침울해 보이세요." 뷰티가 물었다.

아버지가 서글프게 말했다. "내가 받은 전갈은 잘못된 것이었단다. 해적이 배를 털어서 금을 훔쳐가 버렸단다. 돈이 한 푼도 없단다. 아무런 선물도 살 수가 없었어."

p.38~39 "이건 불공평해요!" 맏딸이 소리쳤다. 맏딸은 발을 굴렀다.

"이렇게 낡은 옷을 입은 우리에게 어떤 남자가 눈길을 주겠어!" 둘째 딸도 소리를 질렀다.

"피곤해 보이세요, 아버지. 이리 오셔서 앉으세요. 무슨 일이 있었는지 말씀해 주세요." 뷰티가 말했다.

상인은 막내딸에게 장미를 주었다. 그리고 딸들에게 야수의 요구에 대해 말해주었다. 뷰티는 말이 없었다. 하지만 그녀의 언니들은 울면서 가지 않겠다고 우겼다.

"난 야수와 살지는 않을 테야!" 맏딸이 말했다.

"싫어. 나도 절대 가지 않을래. 나는 잘생기고 돈 많은 남편을 원해!" 둘째 딸도 외쳤다.

뷰티가 말했다. "제가 가겠어요, 아버지. 제가 가지 않으면 야수가 아버지를 죽일 거예요. 우리에겐 선택의 여지가 없어요."

뷰티의 아버지는 뷰티를 야수에게 보내고 싶지 않았다. 하지만 뷰티는 가기로 굳게 마음을 먹었다.

3장 │ 뷰티, 야수를 만나다

p.42~43 드디어 뷰티가 떠나야 하는 날이 되었다. 뷰티는 아버지와 함께 야수의 궁전으로 갔다. 야수가 모습을 드러내자 뷰티는 겁에 질리고 말았다.

"네가 상인의 딸이냐?" 야수가 물었다.

"그래요. 제 이름은 뷰티예요." 뷰티가 두려워하며 대답했다.

야수는 뷰티의 아버지를 향해 말했다. "너는 내일 날이 밝는 대로 떠나야 한다. 다시는 돌아오지 마라."

"너를 여기 두고 갈 수는 없구나, 뷰티. 집에 가서 네 언니들을 보살피려무나. 내가 여기 남겠다." 다음날 아침 뷰티의 아버지가 말했다.

"안 돼요, 아버지. 우리가 야수에게 제가 남겠다고 약속했잖아요. 우리가 한 약속을 지켜야 해요. 제발 집으로 가세요. 하지만 저를 잊지는 마세요." 뷰티가 말했다.

"너를 절대로 잊지 않으마, 뷰티." 그녀의 아버지가 말했다. 그런 다음 그는 딸에게 작별 키스를 한 뒤 떠났다.

p.44~45 아버지가 떠난 후 뷰티는 피곤함을 느끼고 쉬기 위해 침실로 갔다. 그녀는 금세 곤히 잠들었다. 뷰티는 잘생긴 왕자의 꿈을 꾸었다. 왕자는 아름다운 정원에 서 있었다.

"뷰티." 왕자가 불렀다. "부디 나를 믿어 줘요! 내가 당신의 소원을 이뤄주겠소. 당신을 깊이 사랑하오. 오직 당신만이 나를 행복하게 해줄 수 있어요!"

"제가 어떻게 당신을 행복하게 해줄 수 있나요?" 뷰티가 물었다.

"사랑하는 뷰티, 결코 나를 떠나지 않겠다고 약속해줘요. 오직 당신만이 이 비참한 처지에 있는 나를 구할 수 있어요. 하지만 기억해요. 눈에 보이는 그대로를 다 믿어서는 안 돼요!"

그때 뷰티가 잠에서 깼다. 그녀의 꿈은 마음속에 생생하게 남아 있었다.

"왕자님이 말하기를 내가 그를 행복하게 해줄 수 있다고 했어. 어떻게 하면 이 흉측한 야수에게서 도망칠 수 있을까? 나는 야수에게 떠나지 않겠다고 약속했어. 하지만 여기 있는 건 너무나 외로워." 뷰티가 말했다.

p.46~47 뷰티는 지루해졌다. 그래서 그녀는 궁전을 둘러보러 나갔다. 방방마다 멋진 가구가 즐비하고 값비싼 양탄자가 깔려 있었다.

뷰티는 어떤 방에 들어 갔는데, 그 방은 거울로 가득 차 있었다. 금으로 만든 키다란 거울과 은으로 만든 작은 거울이 여러 개 있었다.

뷰티가 방 안을 이리저리 거닐 때 거울에 비친 그녀의 모습도 계속 변하는 것이 아닌가! 어떤 거울에서는 그녀가 요정처럼 조그맣게 보였다. 다른 거울에서는 기린처럼 키가 늘어나 보였다. 어떤 거울에서는 그녀가 통통해 보이고 다른 거울에서는 아주 날씬해 보였다.

뷰티는 거울에 비친 자신의 모습을 보며 웃었다. 하지만 그녀는 여전히 혼자였다!

p.48~49 뷰티는 다음 방으로 들어갔다. 그곳은 수천 권의 책이 가득 들어찬 서재였다. 서가마다 온갖 크기와 모양과 색깔의 책들이 가득 꽂혀 있었다.

책상 위에 금빛 책이 한 권 놓여 있는 것이 보였다. 뷰티는 책을 집어 들었다. 책의 제목은 '뷰티의 일기'였다. 그녀는 책을 펴고 안쪽에 적힌 글을 읽었다.

'환영하오, 뷰티. 당신은 여기 있으면 안전하오. 나의 궁전 안에서는 아무도 당신을 해치지 못하오. 당신은 원하는 것은 무엇이라도 가질 수 있소. 그저 달라고만 하면 보이지 않는 하인들이 당신에게 가져다 줄 것이오.'

뷰티는 기쁜 마음으로 일기장을 들고 자신의 방으로 돌아갔다.

p.50~51 뷰티가 놀랄 만한 일이 또 있었다. 그녀의 침실 문에 '뷰티의 방'이라고 쓰인 명패가 붙어 있었다. 그녀는 문을 열고 안으로 들어갔다.

"이 방이 오늘 아침 내가 있었던 방과 같은 방인가? 방 전체가 완전히 달라졌어!"

그녀의 방은 멋진 가구와 아름다운 물건들로 가득했다. 방 한가운데 편안한 침대가 놓여 있었다. 침대는 화려한 공단과 레이스로 덮여 있었다. 방의 커튼은 부드러운 초록색 비단으로 만든 것이었다. 그리고 두꺼운 양탄자가 그녀의 발을 따뜻하게 만들어 주었다.

"야수가 나를 위해 이 책을 놓아둔 거야. 그리고 이번에는 내게 이런 멋진 방을 주었어! 야수는 다정하고 친절해. 어쩌면 사실은 사납지 않을지도 몰라." 뷰티가 행복한 마음으로 말했다.

p.52~53 뷰티는 궁전을 모두 둘러보았다. 그녀는 배가 고파졌다. 그녀는 저녁 식탁에 앉았다. 그러자 야수가 나타나 식탁에 앉았다.

"안녕하시오, 뷰티. 오늘을 무엇을 하며 지냈소?" 야수가 상냥하게 물었다.

"궁전을 살펴보았어요. 거울의 방을 발견했죠. 거울에 비친 제 모습을 보고 웃었어요. 거울마다 제가 다르게 보이는 거예요! 그리고 서재도 발견했어요. 아름다운 일기장을 주셔서 감사해요. 거기에 매일 일기를 쓸 거예요." 뷰디기 말했다.

야수는 뷰티가 신이 나서 이야기를 하자 미소를 지었다.

"제 방도 너무 멋져요! 어떻게 감사 드려야 할까요?"

"여기서 행복하게 지낼 수 있을 것 같소?" 야수가 물었다.

"모든 것이 너무 아름다워요. 여기서 행복하게 지낼 수 있을 것 같아요." 뷰티가 대답했다.

4장 | 나와 결혼해 주겠소?

p.58~59 매일 저녁 야수는 뷰티와 함께 저녁을 먹으러 왔다. 그들은 많은 이야기를 나누었다. 뷰티는 점점 야수가 좋아지기 시작했다. 사나워 보이는 야수의 외모도 더는 무섭지 않았다. 하지만 야수는 뷰티에게 매일 저녁 같은 질문을 했다.

"나를 사랑하오, 뷰티? 나와 결혼해 주겠소?"

뷰티는 야수에게 싫다고 하는 것은 여전히 겁났다.

"무서워 말고 그냥 '예' 또는 '아니오'로 대답해요." 야수가 말했다.

그래서 뷰티는 매번 "미안해요. 당신을 좋아하지만 사랑하지는 않아요. 당신과 결혼할 수 없어요."라고 대답했다.

그러면 야수는 "이해하오, 뷰티. 추하게 생긴 야수를 사랑하는 것은 쉬운 일이 아니지. 잘 자요."라고 말했다.

"잘 자요, 야수님." 뷰티의 말을 뒤로 하고 야수는 방을 나갔다.

p.60~61 어느 날 밤, 뷰티의 꿈에 다시 왕자가 나타났다. "뷰티, 왜 나에게 이렇게 모질게 구는 건가요? 왜 나를 거부하는 건가요? 내가 했던 말을 기억해줘요! 눈에 보이는 그대로를 다 믿어서는 안 돼요!" 왕자가 말했다.

다음날 아침 뷰티는 정원으로 나갔다. 햇살이 밝게 빛나고 있었다. 꽃 향기가 근사했다. 뷰티가 걸음을 멈췄다. 그녀의 꿈에 나타난 정원이 바로 이 정원임이 틀림 없었다!

'꿈에 나타난 왕자님은 야수에게 포로로 잡혀 있는 게 분명해. 그런데 왕자님은 어디에 있는 걸까?' 그녀가 생각했다.

p.62~63 몇 주가 흘렀다. 뷰티는 가족이 그리웠다. 그녀는 가족을 만나고 싶었다.

"왜 그래요, 뷰티? 슬퍼 보이는군요. 여기 있는 게 행복하지 않소?" 야수가 물었다. 뷰티는 더는 야수가 무섭지 않았다. "저는 가족이 그리워요. 우선 가족을 다시 만나야 겠어요. 그런 다음에야 제가 여기서 정말로 행복할 수 있을 것 같아요." 뷰티가 말했다.

"왜 나를 떠나려 하는 거요? 내가 싫소? 내가 너무 추하게 생겼기 때문에 도망치려는 거요?" 야수가 물었다.

"그렇지 않아요, 야수님." 뷰티가 상냥하게 대답했다. "당신은 추하지 않아요. 그리고 당신을 미워하지 않아요. 당신을 다시 못 보게 된다면 몹시 슬플 거예요. 하지만 전 아버지가 보고 싶어요. 제발 저를 보내 주세요. 당신에게 다시 돌아오겠다고 약속할게요. 그런 다음에는 당신 곁에 영원히 머무르겠어요!"

p.64~65 "거절할 수가 없군. 난 당신을 위해서라면 무슨 일이든 할 거요! 하지만 당신이 한 약속을 잊지 말아요. 일주일 후에 돌아와요. 당신이 제때 돌아오지 않는다면 나는 죽어버리고 말 거요." 야수가 말했다.

"고마워요, 야수님. 약속할게요." 뷰티가 말했다.

"이 반지를 가져가요. 돌아올 때가 되면 이 반지를 당신 침대 옆에 놓아 둬요. 그리고 '나의 궁전으로 돌아가고 싶어.'라고 말해요. 잘 자요, 뷰티. 곧 아버지를 만나게 될 거요." 야수는 이렇게 말하고 방을 나갔다.

p.66~67 뷰티는 신이 났다. 그녀는 잠을 이룰 수가 없었다. 그날 밤 그녀는 다시 왕자의 꿈을 꾸었다. 이번에는 왕자의 얼굴이 슬프고 지쳐 보였다.

"왜 그러세요?" 그녀가 놀라 물었다.

"당신이 어떻게 그런 질문을 할 수 있소? 곧 나를 떠날 것 아니오! 당신이 없으면 난 죽고 말 거요!" 왕자가 말했다.

"저는 단지 아버지가 보고 싶을 뿐이에요. 다시 돌아오겠다고 약속했어요." 뷰티가 말했다.

"추한 야수를 진심으로 걱정하는 거요?" 왕자가 물었다.

"네, 그래요. 야수의 모습은 추해요. 하지만 다정하고 친절해요. 그리고 야수가 마음이 따뜻하다는 걸 난 알고 있어요." 뷰티가 말했다.

p.68~69 다음날 아침, 뷰티가 눈을 떴다. 그녀는 예전에 살던 집의 자신의 방으로 돌아와 있었다. 그녀가 부엌으로 가니, 아버지와 언니들이 있었다. 그들은 뷰티를 보고 몹시 놀랐다.

"어떻게 여기에 온 거니? 우리는 네가 영원히 가버린 줄 알았어!" 큰언니가 말했다.

"모두 보고 싶었어요. 저는 일주일 동안만 머무를 수 있어요. 돌아가겠다고 야수에게 약속했어요. 제가 야수에게 돌아가지 않으면 그는 죽고 말 거예요." 뷰티가 말했다.

뷰티는 아버지에게 자신의 이상한 꿈 이야기를 들려 주었다. "왕자님은 저에게 눈에 보이는 그대로를 다 믿지 말라고 해요. 왕자님의 말이 무슨 뜻일까요, 아버지?"

"왕자는 네게 야수의 사나운 외모를 잊으라고 말하는 거야. 다만 그가 얼마나 다정하고 사려 깊은지를 기억하라는 뜻이란다. 네가 야수에게 한 약속은 지켜야 해." 아버지가 말했다.

뷰티는 아버지 말이 옳다는 것을 알고 있었다. 일주일은 순식간에 지나갔고 뷰티는 돌아갈 날짜를 잊고 말았다.

5장 | 꿈속의 왕자님

p.72~73 어느 날 밤, 뷰티는 악몽을 꾸었다. 그녀는 야수의 궁전 정원에 있는 어떤 한적한 길에 있었다. 장미 덤불 뒤의 동굴에서 신음 소리가 들렸다. 그녀는 급히 동굴로 갔고 동굴 안에 야수가 있었다. 그는 바닥에 쓰러져 있었다. 야수는 창백하고 기력이 없어 보였다.

야수가 힘없는 소리로 말했다. "왜 약속을 지키지 않은 거요, 뷰티? 당신은 제때 돌아오지 않았소. 그래서 나는 죽어가고 있소!"

"오, 야수님! 제발 죽지 마세요." 뷰티가 부르짖었다.

"나는 너무나 추하오. 당신은 영원히 나를 사랑하지 못할 거요, 그렇지 않소?" 야수가 슬픈 목소리로 말했다.

그리고 나서 야수는 뷰티의 품 안에서 숨을 거두었다. 뷰티는 악몽으로 공포에 사로잡혔다.

p.74~75 다음날 아침 뷰티는 가족에게 그날 밤 가족을 떠나 돌아가겠다고 했다. 그녀는 잠자리에 든 다음 야수가 준 반지를 침대 옆에 놓았다. 그리고 '나의 궁전으로 돌아가고 싶어.' 라고 말했다. 그녀는 곧 잠이 들었다.

잠에서 깼을 때 뷰티는 다시 야수의 궁전으로 돌아와 있었다. 그녀는 야수가 보고

싶었다. 하지만 저녁 식사 때도 야수는 그녀를 보러 오지 않았다. 뷰티는 걱정이 되어서 정원으로 달려 나갔다.

"야수님! 야수님!" 그녀가 외쳤다. 하지만 아무 대답도 없었다. 바로 그때 그녀가 꿈에서 보았던 동굴이 눈에 띄었다. 뷰티는 동굴 안으로 뛰어 들어갔고 야수가 그곳에 있었다. 그는 쓰러진 채 눈을 감고 있었다. 뷰티는 야수 옆에 앉았다.

p.76~77 "오, 안돼. 그가 죽다니! 모두 내 탓이야!" 뷰티가 울부짖었다. 그녀는 야수의 머리를 안고 울기 시작했다. 그녀의 눈물이 야수의 얼굴에 떨어졌다.

"죽으면 안 돼요. 당신과 함께 살고 싶어요." 뷰티가 말했다. 그러자 갑자기 야수가 눈을 뜨고 그녀를 바라보았다.

"오, 놀랐잖아요!" 뷰티가 외쳤다. "제가 당신을 얼마나 사랑하는지 이제야 알게 되었어요."

"나처럼 추한 괴물을 정말 사랑할 수 있단 말이오?" 야수가 낮은 소리로 물었다.

"저는 당신의 외모가 어떻든 상관없어요. 당신은 다정하고 친절한 분이에요. 전 진심으로 당신을 사랑해요!" 뷰티가 대답했다.

"마침 제때 돌아와 주었군요, 뷰티. 진심으로 당신을 사랑하오. 나와 결혼해 주겠소?" 야수가 물었다.

"네, 내 사랑 야수님. 기꺼이 당신과 결혼하겠어요." 뷰티가 조용히 대답했다.

p.78~79 뷰티는 몸을 굽혀 야수의 뺨에 키스했다. 그러자 갑자기 빛이 번쩍하고 일었다. 꿈 속의 왕자님이 나타난 것을 본 뷰티는 놀라고 말았다.

"당신은 누구세요? 사랑하는 야수님은 어디로 가신 거죠?" 뷰티가 물었다.

왕자가 말했다. "내가 그대의 야수요. 오래 전 어떤 사악한 마녀가 나를 자신의 딸과 결혼시키려 했소. 내가 거부하자 마녀는 내게 주문을 걸었소. 마녀가 나를 야수로 바꿔놓은 거요. 아름다운 소녀가 나를 진심으로 사랑하게 되어야 다시 왕자의 모습으로 돌아올 수 있었소. 당신이 나를 구한 거요. 사랑하오, 뷰티." 그들은 서로 안고 키스를 했다.

p.80~81 이주 후 왕자와 뷰티는 결혼했다. 궁전은 정원에서 딴 아름다운 장미로 가득 찼다. 도처에서 사람들이 몰려들어 두 사람의 결혼을 축하했다.

"사랑하는 뷰티야. 네가 멋지고 다정한 남편을 찾게 되다니 정말 기쁘구나." 뷰티의 아버지가 말했다.

"제가 찾은 게 아니에요. 아버지가 찾아 주신 거예요. 기억나세요? 아버지가 이곳에 들러서 저를 위해 장미를 꺾으셨잖아요!" 뷰티가 행복하게 말했다.

그 후 뷰티와 왕자는 오래오래 행복하게 살았다. 얼마 안 가 궁전은 두 사람의 아이들이 장난치는 소리와 웃음소리로 가득 차게 되었다.